AF235859

Fährtenarbeit mit Hund - für Anfänger

Wie Sie mit spielerischem Hundetraining Nasenarbeit und Spurensuche in 10 Schritten effektiv lehren und optimieren - inkl. Wettkampfvorbereitung

Maria Lehmhuis

INHALT

Das erwartet Sie in diesem Buch

Der Hund gilt schon immer als bester Freund des Menschen. Aber nicht nur die emotionale Bindung zu diesen Lebewesen sorgt dafür, dass im Jahr 2020 in Deutschland 9 Millionen Menschen mindestens einen Hund hielten. Hunde können uns Menschen auch in vielen Bereichen des Lebens nützlich sein und unterstützen, vor allem aufgrund ihres hervorragenden Geruchssinns. Dieser kam schon sehr früh in der gemeinsamen Geschichte von Mensch und Hund bei der Jagd zum Einsatz und auch heute noch sieht man kaum einen Jäger, der ohne seinen vierbeinigen Begleiter in den Wald geht. Doch der Einsatz der Spürnasen geht heutzutage weit über diese Tradition hinaus und immer mehr Hunde werden zu Gebrauchshunden in verschiedenen Sparten ausgebildet.

Abgesehen von den vielen Einsatzmöglichkeiten im Sinne der Menschen ist die Fährtensuche aber auch für den Hund selbst eine Bereicherung. Jeder Hundehalter kann sie mit seinem Vierbeiner als Freizeitaktivität betreiben und bietet dem Tier damit eine Beschäftigung, die ihm Spaß macht und ihn vor allem nicht nur körperlich, sondern auch geistig auslastet. Prinzipiell ist dafür jeder Hund geeignet, denn alle haben einen von Natur aus sehr guten Geruchssinn.

Ist Ihr Hund unausgelastet und wirkt gelangweilt? Möchten Sie sich mit Ihrem Hund mehr beschäftigen, als nur mit ihm spazieren zu gehen und Bälle zu werfen? Dann ist dieses Buch genau das Richtige für Sie und Ihren Vierbeiner. Sie lernen zunächst in der Theorie, was genau die Fährtensuche ist und warum sie sich perfekt als gemeinsame Freizeitaktivität eignet. Danach finden Sie eine Anleitung für das praktische Training mit Ihrem Hund, die Sie von den ersten kleinen Trainingsschritten bis hin zur fortgeschrittenen Suche begleitet. Sie brauchen dafür keine Hundeschule und nur wenig Equipment, Sie können also bereits beim nächsten Spaziergang mit den Übungen anfangen. Mit etwas gutem Training werden Sie bald einen ruhigen und ausgeglichenen Vierbeiner erleben.

Die theoretischen Grundlagen

DAS GRUNDPRINZIP

Hunde und ihre Spürnasen werden immer vielfältiger eingesetzt. Im traditionellen Sinne spürt der Hund als Jagdhund Wild auf, um es dem Jäger zu zeigen, es zu ihm zu treiben oder zu bringen. Rettungs- und Lawinenhunde suchen nach Menschen, die vermisst werden oder verschüttet worden sind. Bei der Polizei gibt es Hunde, die Drogen erspüren können, selbst, wenn diese in einem verschlossenen Koffer sind. Immer verbreiteter werden zurzeit auch

Assistenzhunde, die Menschen, die beispielsweise an Diabetes oder Epilepsie erkrankt sind, im Alltag unterstützen. Sie können gefährliche Blutzuckerentgleisung oder drohende Krampfanfälle bereits riechen, bevor der Mensch diese selbst bemerkt.

Die Fährtensuche funktioniert über die Aufnahme von Düften einer mechanischen Bodenverletzung. Dabei kann der Hund über die Gerüche der beschädigten Erdoberfläche, der zertretenen Pflanzen und Kleinstlebewesen den gegangenen Weg verfolgen. Auch Ihr Individualgeruch, den Sie beim Legen der Fährte in Form von herunterfallenden Dingen wie Hautschuppen oder Fusseln hinterlassen, beeinflusst die Duftnote der Fährte. Es geht also insgesamt nicht um den Geruch des gesuchten Gegenstandes oder Menschen selbst, sondern um den der hinterlassenen Spur. Dadurch kann es allerdings leicht zu Irritationen kommen, da kreuzende Spuren das gleiche Geruchsbild enthalten. Auch Regen kann eine solche Geruchsspur bereits bei kleinen Schauern unbrauchbar machen.

Wenn der Hund mithilfe der tatsächlichen Geruchsspur in der Luft nach etwas suchen soll, ist dies keine Fährtensuche, sondern wird Mantrailing genannt. Das Folgen einer Duftspur in der Luft entspricht dem, was der Hund von Natur aus eher tun wurde. Die Fährtensuche muss dem Hund also besonders antrainiert werden und fordert ihn kognitiv enorm heraus. Für das Training wird vor allem der natürliche Futtertrieb der Vierbeiner genutzt, sodass die Aufgabe mithilfe von Leckerlis deutlich gemacht wird.

Ziel der Fährtenarbeit als Hobby für Hund und Halter ist es, dass das Tier der selbst ausgelegten Fährte mit tiefer Nase gleichmäßig und intensiv folgt, Winkel sicher erkennt und bearbeitet und die im Verlauf der Fährte gefundenen Gegenstände zuverlässig anzeigt oder aufnimmt. Die Fährte, die der Halter selbst im Training meist auslegt, ist eine Strecke aus Geraden, Winkeln und Bögen. Die Leistung des Hundes auf der Fährte wird dabei in drei Stufen eingeteilt. Zu Anfang seiner Ausbildung ist der Vierbeiner fährtenfest. Zu diesem Zeitpunkt kann er zwar bereits eine Fährte aufnehmen und verfolgen, kreuzt allerdings eine Verleitungsfährte, weicht er schnell auf diese ab. Nach einer Zeit wird der Hund dann als fährtensicher beschrieben. Fährtensichere Hunde nehmen ihre Spur auf und ignorieren beim Verfolgen weitestgehend sowohl ältere als auch jüngere Verleitungen. Die letzte und beste Stufe beschreibt die Fährtenreinheit, denn hier verfolgt der Hund seine Fährte so stringent und sicher, dass er sämtliche Verleitungen vollkommen ignoriert. Um den eigenen Vierbeiner fährtenrein zu machen, bedarf es sehr viel Übung und großer Genauigkeit bei der Sache.

DER GERUCHSSINN DES HUNDES

Hunde sind hervorragende Riecher. Lebewesen mit dieser Fähigkeit werden auch „Makrosmaten" genannt. Wir Menschen hingegen zählen mit unserem Geruchssinn zu den „Mikrosmaten". Mit rund 125 bis 220 Millionen Riechzellen je nach Rasse sind Hunde uns Menschen weit voraus. Zum Vergleich: Wir besitzen circa 5 Millionen Riechzellen, das sind gerade einmal 4 Prozent. Auch die Größe der Nase macht viel aus, genauer die Größe der Riechschleimhaut. Sie ist ebenfalls rassenabhängig und beträgt stolze 150 Quadratzentimeter. Auch hier ist der Mensch mit ungefähr 5 Quadratzentimetern deutlich unterlegen. Aber nicht nur das Sinnesorgan Nase selbst macht das Riechen der Vierbeiner so besonders, auch die Verarbeitung der Gerüche im Gehirn trägt einen wesentlichen Teil dazu bei. Ganze 10 Prozent des Hundegehirns sind einzig und allein für die Aufnahme und das Verarbeiten der Reize zuständig. Sie werden als olfaktorische Bereiche bezeichnet. In diesen Hirnarealen findet auch die Geruchserinnerung statt. Hunde besitzen ein Gedächtnis für bestimmte Gerüche, welches es ihnen möglich macht, auch nach Jahren ihren Nachwuchs oder beispielsweise Wurfgeschwister wiederzuerkennen.

Abgesehen von den körperlichen Gegebenheiten wird Hunden das Aufspüren von Fährten auch durch eine besondere Technik beim Riechen erleichtert. Beim intensiven Suchen nach bestimmten Gerüchen atmen sie bis zu 300-mal in der Minute. Durch diese schnelle Atmung können alle Duftspuren in der Umgebung sehr schnell aufgenommen werden. Bei der Einatmung können die Nasenlöcher einzeln, unabhängig voneinander, bewegt werden. Dadurch ist es dem Tier möglich, die Richtung, aus der der Geruch kommt, zu bestimmen. Das kann man mit dem menschlichen Gehör vergleichen, denn auch wir erkennen die Richtung, aus der ein Geräusch kommt, indem unsere Ohren unabhängig voneinander arbeiten.

Konnte der Vierbeiner nun eine bestimmte Geruchsspur aufnehmen, hat er außerdem die Fähigkeit, sie in ihre einzelnen Duftbestandteile zu zerlegen. Dadurch gibt ein einzelner Geruch für den Hund viel mehr Informationen her, als wir es uns vorstellen können.

Die Nasenarbeit ist für Hunde etwas sehr Ursprüngliches, denn schon früh in der Geschichte waren sie vollkommen auf die gute Funktion der Nasen angewiesen. Ob das Wiederfinden des eigenen Rudels, das frühzeitige Wittern von Feinden oder das Erkennen herannahender Beute: Bei der Nutzung des Geruchssinnes ging es häufig um das Überleben. So ist es auch heute noch jedem Hund möglich, seine Spürnase für Aktivitäten wie die Fährtensuche einzusetzen. Aufgrund der heutigen Zucht gibt es natürlich Rassen, die weniger gut oder besser geeignet sind als andere, sei es aufgrund des Charakters oder auch aufgrund der körperlichen Konstitution. Besonders Rassen, die zu den Gebrauchshunden zählen, blühen im Hundesport enorm auf und finden dort ihre Passion. Beispielsweise zählen dazu Deutsche Schäferhunde, Rottweiler, Riesenschnauzer, Hovawarts und viele mehr. Doch auch, wenn so nicht jeder Hund zum Wettkampftier wird, kann jeder Vierbeiner als Freizeitbeschäftigung auf die Suche nach Fährten gehen. Schon im Welpenalter ist die kognitive Auslastung in Form von Nasenarbeit sehr förderlich für die Entwicklung der Hunde. Fährtenarbeit beschäftigt junge und agile Hunde deutlich besser und nachhaltiger als lange Spaziergänge ohne weitere Aufgaben oder einfache Ballspiele. Das Alter ist aber auch nach oben hin nicht begrenzt, denn auch ältere Hunde können mit einer gemächlichen Suche noch wunderbar beschäftigt werden, denn ihr Geruchssinn lässt sie nicht im Stich. Auf der Fährte kommt es nämlich nicht auf besondere Schnelligkeit oder Fitness an, denn eine langsame und gleichmäßige Suche führt Sie wunderbar ans Ziel.

Die praktische Umsetzung

D er nun folgende Plan soll Sie und Ihren Vierbeiner an die Fährtensuche heranführen und im Training optimal unterstützen. Er umfasst zunächst zwei vorbereitende Schritte, die vor den ersten Übungen bereits durchgegangen werden sollten, um bestmöglich starten zu können. Die Schritte drei bis neun erklären dann einzelne Übungen und Trainingskonzepte, die meist aufeinander aufbauen. Sollte es für Sie und Ihren Vierbeiner jedoch sinnvoller erscheinen, eine andere Reihenfolge zu wählen, dann scheuen Sie sich nicht, selbst kreativ zu werden, denn jedes Tier ist individuell. Die ersten Grundsätze sollten Sie zwar möglichst beibehalten, bei den besonderen Ausschmückungen und speziellen Trainingsideen ist aber durchaus Spielraum. Der letzte Schritt sollte gesondert betrachtet werden, denn dieser kann in jedem Stadium des Übungsprozesses zurate gezogen werden. Es geht darin um häufige Probleme und potenzielle Lösungsansätze. Hier finden Sie Unterstützung für Schwierigkeiten, die in jedem der vorherigen Schritte auftreten können.

Haben Sie viel Spaß und Freude bei der Arbeit mit Ihrem Hund und denken Sie vor allem immer daran: Die Arbeit soll für Sie beide eine Bereicherung und keine Belastung sein. Gehen Sie also nicht zu engstirnig an die Sache heran. Ein bisschen Ehrgeiz ist wichtig und richtig, aber das Ziel der Ausübung einer neuen Freizeitbeschäftigung sollte dabei nicht aus den Augen verloren werden. Auch, wenn Wettkampfambitionen bestehen, die mit Sicherheit nicht verkehrt sind, müssen Sie und Ihr Vierbeiner dort als

Team hingelangen und nicht als Gegner, denn nur ein gut harmonierendes Gespann aus Hund und Hundeführer kann die Schwierigkeiten der Prüfungsfährten sicher bewältigen.

SCHRITT 1 – DIE AUSRÜSTUNG

Nach einer kleinen theoretischen Einführung in die Fährtenarbeit können Sie es nun hoffentlich kaum erwarten, mit Ihrem Vierbeiner an die frische Luft zu gehen und das Training zu beginnen. Um optimal einsteigen zu können, benötigen Sie zunächst einiges an Grundausrüstung. Keine Sorge, Sie müssen nicht gleich ein Vermögen in der nächsten Tierhandlung ausgeben. Für den Einstieg reichen ein paar Basics, die Sie als Hundehalter zum großen Teil bereits zu Hause haben sollten.

Für Sie selbst steht an erster Stelle natürlich gute, an das Wetter angepasste Kleidung. Als Hundebesitzer sind Sie damit vermutlich bereits bestens vertraut. Außerdem ist es empfehlenswert, hohes und festes Schuhwerk wie beispielsweise ein Paar Wanderschuhe zu tragen. Sie werden die Fährte, die Ihr Hund später aufspüren soll, selbst in den Boden treten. Dabei lassen sich nasse Füße im hohen Gras oder vom Acker verdreckte Lieblingsturnschuhe durch geeignetes Schuhwerk bestens vermeiden.

Nicht nur Sie, sondern auch Ihr Vierbeiner sollte für das Training gut angezogen sein. Dafür empfiehlt sich ein gut sitzendes, das Tier nicht einengendes Geschirr. Dieses ermöglicht Ihnen eine bessere Kontrolle über Ihren Hund als ein Halsband, vor allem, wenn er einen ausgeprägten Jagdtrieb besitzt oder gern davonläuft, und macht die Arbeit so sicherer. Sie müssen hier nicht direkt zu einem speziellen Suchgeschirr extra für die Fährtenarbeit greifen. Für den Anfang reicht ein normales Geschirr, welches sich gut für Ihren Vierbeiner eignet, vollkommen aus. Dazu gehen Sie am besten gemeinsam in einen Fachmarkt und lassen sich direkt am Hund beraten.

Wenn möglich, ist es bei der Bekleidung des Hundes ratsam, für die Fährtenarbeit ein spezielles Geschirr zu wählen, welches er nicht auch beim normalen Spaziergang trägt. Das Anziehen dieses Geschirrs signalisiert so nach einiger Zeit den Beginn des Trainings. Wenn er es trägt, darf und soll der Hund also Fährten nachgehen, während er dies beim Gassigehen im normalen Geschirr unterlassen soll. So fällt es dem Tier leichter zu unterscheiden, was von ihm aktuell erwartet wird. Wenn Sie sich hierfür kein zweites Geschirr anschaffen möchten, gibt es auch andere Möglichkeiten, den Trainingsbeginn zu signalisieren. So kann man dem Hund zum Beispiel für das Training ein Halstuch umbinden, welches er normalerweise nicht trägt. Hier können Sie ganz kreativ sein.

Zum Geschirr gehört natürlich auch eine passende Leine. Um den Hund während der Suche möglichst wenig zu behindern, sollte diese mindestens zwei bis drei Meter lang sein. Besonders gut eignet sich vor allem bei fortgeschrittenem Training eine zehn Meter lange Schleppleine. Der Hund kann so allein suchen und wird nicht durch den Halter am anderen Ende der Leine, möglicherweise sogar unbewusst, beeinflusst. Trotzdem behalten Sie die Kontrolle und Ihr Vierbeiner kann nicht während der Arbeit Wild hinterherjagen oder das Weite suchen. Das Material der Leine spielt meist keine Rolle und orientiert sich eher an den persönlichen Vorlieben, denn hier hat alles seine Vor- und Nachteile. Wichtig ist lediglich, dass keine Haken oder Ösen an der Leine befestigt sind, damit der Hund sich während des Trainings nicht an der durchhängenden Leine verletzen kann. Außerdem eignet sich keine sogenannte Flexi-Leine, denn diese ist zwar ausgezogen lang genug, hält aber immer etwas Zug auf dem Geschirr, sodass Sie Ihrem Hund ständig ungewollte Signale geben.

Sind nun sowohl Sie als auch Ihr Vierbeiner fertig ausgestattet, müssen Sie sich noch um die Verpflegung kümmern. Besonders wichtig sind natürlich Leckerchen als Motivation und Suchanreiz. Diese sollten dem Hund besonders gut schmecken, damit er sich dafür wirklich ins Zeug legt. Dabei sollte das Futter allerdings auch möglichst geruchsneutral sein, denn der Hund soll nicht dem Duft der Leckerchen folgen, sondern die Gerüche der Bodenverletzung kennenlernen und suchen. Außerdem ist es empfehlenswert, etwas zu wählen, was der Hund leicht kauen kann, sodass er durch das Fressen der Belohnung nicht aus dem Fluss der Suche gerät.

Zu guter Letzt, aber auf keinen Fall zu vergessen: Sie sollten zum Trainingsort immer Wasser für Ihren Vierbeiner mitnehmen. Die Fährtensuche ist für die Tiere enorm anstrengend und wirkt durch die schnelle Atmung außerdem sehr austrocknend. Es muss also immer ausreichend zu trinken bereitstehen. Es gibt dafür spezielle Flaschen, die in einer Art Schale liegen, die später als Napf dient, oder beispielsweise faltbare Näpfe. Auch hier können Sie sich an Ihrer persönlichen Vorliebe orientieren. Fürs Erste reichen eine Flasche stilles Wasser und der Trinknapf von zu Hause aber vollkommen aus.

Sind Sie und Ihr Hund nun ausgerüstet, können Sie sich im zweiten Schritt den letzten Vorbereitungen widmen, um bald mit dem eigentlichen Training beginnen zu können.

o Funktionale, wetterfeste Kleidung	o Hundegeschirr
o Wanderschuhe	➢ Möglichst eigenes nur für Fährte
o Leckerchen	o Leine mindestens zwei bis drei Meter
➢ Möglichst schmackhaft	➢ Besser zehn Meter Schleppleine
➢ Geruchsneutral	o Wasser und Napf
➢ Leicht zu kauen	

SCHRITT 2 – DIE VORBEREITUNG

Um mit Ihrem Vierbeiner ein entspanntes und freudiges Training genießen zu können, sollte er sich im Vorhinein gut bei Ihnen eingelebt haben und die wichtigsten Grundkommandos bereits kennen. Dazu gehören natürlich Sitz, Platz und Bleib, damit Sie die Fährte in Ruhe legen können, ohne dass Ihr Hund zwischen Ihren Beinen herumwuselt. Außerdem sollte er bereits gut abrufbar sein, auch wenn Sie als Redundanz natürlich die Leine in der Hand halten. Es ist wichtig, dass diese Kommandos bereits vor der ersten Arbeit mit einer Fährte recht sicher beherrscht werden, damit sich das Tier vollkommen auf diese Eindrücke konzentrieren kann und nicht immer wieder durch Korrekturen des Gehorsams verwirrt wird.

Wenn das Kommando Bleib noch nicht ganz zuverlässig funktioniert, kann es empfehlenswert sein, eine zweite Person um Hilfe zu bitten, die Sie zum Training begleitet. Diese sollte bereits mit dem Hund vertraut sein und kann ihn dann festhalten, sodass Sie selbst in Ruhe die Fährte legen können, ohne den Hund im Auge behalten zu müssen. So können Sie Anspannung und Stress im Training vermeiden.

Besonders wichtig für ein erfolgreiches erstes Training ist das Setting, deshalb sollte hier etwas vorgeplant werden. Suchen Sie sich im Vorhinein einen Ort aus. Am besten eignet sich eine große Wiese mit halbhohem Gras. Diese sollte in einer möglichst ablenkungsfreien Umgebung liegen, es sollten also möglichst keine Straßen, Tiere oder andere Menschen in der Nähe sein. Des Weiteren sollte die Wiese nicht regelmäßig als Hundewiese genutzt werden, da sonst sehr viele Geruchseindrücke auf den lernenden Hund einwirken. Falls kein zweiter Helfer zur Verfügung steht, der Hund aber nicht zuverlässig am Platz bleibt, ist eine sichere Anbindemöglichkeit in Form eines fest verankerten Zaunes oder Schildes vorteilhaft.

Um dem Vierbeiner den ersten Einstieg in die Fährtenarbeit so leicht wie möglich zu machen, ist es am besten, die ersten Einheiten bei gutem Wetter ohne viel Regen und Wind durchzuführen, da dies die Geruchsspur verändern kann und so die Suche erschwert. Die Tageszeit ist dabei unwichtig für den Erfolg des Trainings. Es sollte allerdings hell sein, denn so kann zum einen der Hund sehen, wie die Fährte gelegt wird, und zum anderen kann der Hund später besser beobachtet werden, sodass ein Abkommen von der Strecke frühzeitig auffällt.

Wenn Sie Ort und Zeitpunkt ausgewählt haben und mit dem ersten Training starten wollen, ergibt es Sinn, den Vierbeiner vorher eine längere Zeit nicht zu füttern. So ist er besonders motiviert, die Leckerlis zu finden. Ist er bereits satt gefressen, ist das Futter für ihn kein Anreiz mehr, sich anzustrengen. Außerdem sollte er noch fit sein und sich nicht schon im Vorhinein verausgabt haben. Dies gilt grundsätzlich für jede kommende Trainingseinheit. Sind nun alle Vorbereitungen getroffen, geht es los mit der ersten Grundübung.

o Grundkom-	o Ort
mandos	

➢ Sitz, Platz, Bleib	➢ Große Wiese mit halbhohem Gras
➢ Sicherer Abruf	➢ Bei Bedarf Anbindemöglichkeit
o Bei Bedarf einen Helfer	o Tageszeit
o Gutes Wetter	➢ Hell draußen
➢ Wenig Regen, wenig Wind	o Hund hungrig und fit

SCHRITT 3 – DIE GRUNDÜBUNG

Mit der ersten Grundübung beginnen Sie, Ihren Hund an das Ziel und die Technik der Fährtenarbeit zu gewöhnen. Die wichtigste Lernerfahrung ist hier, dass dort, wo eine Bodenverletzung vorliegt, Futter wartet, und diese Bereiche somit der richtige Weg sind. Überall da, wo es keine Bodenverletzung gibt, gibt es auch kein Futter, dort sucht das Tier also falsch. Dieses Muster wird mithilfe eines Übungsquadrats deutlich gemacht.

Beim Erstellen des Übungsquadrates darf der Hund aus einiger Entfernung zusehen. Sie machen einen großen Schritt auf eine Stelle der Wiese, dabei sollte der Boden um diese Stelle herum möglichst nicht verletzt werden. Dadurch werden die unterschiedlichen Bodenbeschaffenheiten klar voneinander abgegrenzt. Sie stampfen nun mit Ihren Füßen ein etwa 40 x 40 cm großes Quadrat in den Boden. Seien Sie dabei gründlich, der Boden sollte stark verletzt sein, damit sich möglichst viele Duftstoffe entwickeln. In dem zertrampelten Bereich verteilen Sie dann die Leckerlis. Nun gilt es, das Quadrat wieder mit einem möglichst großen Schritt zu verlassen, damit der Rahmen weiterhin unverletzt bleibt. Bevor Sie nun mit Ihrem Vierbeiner gemeinsam die Übung beginnen, sollten Sie etwa zehn Minuten warten, damit die Gerüche sich entwickeln und freigesetzt werden können.

Jetzt beginnt die Arbeit für den Hund. Führen Sie ihn langsam und ruhig an das Quadrat heran, er sollte nicht kopflos darauf zustürmen oder ganz heiß auf das Futter gemacht werden. Wenn er im Quadrat zu schnüffeln anfängt und ein Leckerli aufnimmt, geben Sie ein Kommando, zum Beispiel „Such", und loben Sie ihn verbal. Sollte der Vierbeiner das Übungsquadrat während der Übung verlassen und daneben nach Futter suchen, korrigieren Sie ihn nicht und lassen Sie ihn zunächst schnüffeln. Wenn sich die Nase von selbst wieder in den zertrampelten Fleck begibt, loben Sie den Hund. Eine Korrektur sollte hier nur erfolgen, wenn sich der Hund weit vom Ort der Übung wegbegibt, indem Sie ihn mit einem Abruf oder der Leine wieder heranholen. Auch hier sollten Sie ihn loben, sobald er wieder die Suche innerhalb des Quadrates aufnimmt.

Die Übung sollte zwei- bis dreimal pro Trainingstag durchgeführt werden, bis der Vierbeiner zielsicher im Quadrat die Leckerlis sucht und somit seine Aufgabe verstanden hat. Sie können

hierbei schon langsam den Schwierigkeitsgrad er-
höhen, indem sie beispielsweise die Leckerlis tiefer in den Boden stecken oder unter ein bisschen
Gras verstecken. Hat der Hund diese erste Grundübung verstanden, wird er auch die erste kurze
Fährte mühelos meistern.

○ Übungs-quadrat 40 x 40 cm	○ Boden-verletzung = Futter
➤ Boden da-rin zertreten	○ Kommando „Such" beim Schnüf-feln
➤ Leckerlis darin auslegen	○ Suche im Quadrat lo-ben
➤ Zehn Mi-nuten warten	○ 2- bis 3-mal pro Trai-ningstag

SCHRITT 4 – DIE EINFACHE FÄHRTE

Hat der Vierbeiner nun das Grundprinzip der Fährtensuche verstanden, kann er langsam an seine ersten richtigen Fährten herangeführt werden. Auch hier darf er zusehen, wie Sie die Fährte erstellen. Gucken Sie sich zunächst einen Startpunkt und ein Ziel aus. Dazwischen sollte eine maximal 50 Meter lange, gerade Linie liegen. Sie können am Anfang die beiden Punkte beispielsweise mit Stöcken, die sie in den Boden stecken, markieren. So verlieren Sie zwar Ihre Fährte nicht aus dem Auge, es kann dem Hund allerdings als optisches Signal dienen. Wenn es möglich ist, eignet es sich also, den Start und das Ziel an markante Punkte zu legen, sei es neben einer Bodenerhebung oder einem Maulwurfshügel.

Zuerst wird nun der Startpunkt zertreten, in der Fachsprache der Fährtensuche wird dieser „Abgang" genannt. Er sollte dem Übungsquadrat aus dem dritten Schritt ähneln, aber etwas kleiner sein. Hier werden dann die ersten Leckerlis verteilt. Von dort beginnen Sie, eine gerade Linie zum Ziel zu laufen. Die Schritte sollten dabei einspurig, also voreinander und sehr dicht gesetzt werden. Treten Sie fest auf, damit der Untergrund möglichst stark verletzt wird. In die Fußspuren wird alle paar Schritte etwas Futter gelegt. Zu Beginn sollte die Futterdichte recht groß sein, damit der Hund immer wieder motiviert wird, zu suchen. Wenn Sie das Ziel erreicht haben, treten Sie auch dort ein kleines Quadrat mit Futter und gehen dann genau in Ihrer eigenen Spur zum Startpunkt zurück, um den Boden um die Spur herum unberührt zu lassen. Nun heißt es wieder, 10 bis 15 Minuten abzuwarten, denn die Gerüche müssen reifen und sich entfalten.

Ist die Zeit um, führen Sie Ihren Hund langsam zum Startpunkt seiner ersten Fährte. Nach dem Training am Übungsquadrat ahnt er nun bereits, was auf ihn zukommt. Mit dem gewählten Kommando leiten Sie die Suche am Abgang nun ein. Der Hund soll selbstständig verstehen, dass die Übung dieses Mal über das kleine Quadrat hinausgeht. Halten Sie die Leine also nur locker fest und beeinflussen Sie Ihren Vierbeiner möglichst nicht. Kommt der Hund von der Fährte ab, ist dies genau wie im dritten Schritt zu handhaben. Es wird nicht korrigiert und bei Wiedererreichen der Spur gelobt. Wenn Ihr Hund das Ziel erreicht, wird er besonders ausgiebig gelobt und darf das gesamte Futter dort fressen.

Achten Sie darauf, Ihren Vierbeiner auf keinen Fall zu überfordern, denn dann verliert er schnell die Lust an der neuen Aufgabe. Die Nasenarbeit ist für Hunde extrem anstrengend und für den Anfang sind zwei Durchgänge pro Training vollkommen ausreichend. Üben Sie diesen Schritt lieber über mehrere Tage bis Wochen hinweg und jedes Mal nur wenig, anstatt Ihren Hund stundenlang suchen zu lassen. Macht er sich gut, beginnen Sie mit der Steigerung der Fährtenlänge über die 50 Meter hinaus. Bleiben Sie dabei aber geduldig, ein langsames Vorgehen in kleinen Schritten zahlt sich aus.

○ Startpunkt und Ziel wählen	○ Leckerlis in alle paar Fußspuren
➤ Dazwischen gerade Linie, max. 50 m	○ 10 bis 15 Minuten warten
○ Abgang treten	○ Kommando „Such" am Abgang
○ Kleine Schritte, direkt voreinander	

SCHRITT 5 – DIE EINFACHE FÄHRTE OHNE LECKERCHEN

Wenn Ihr Hund die einfache Fährte sicher absucht, ist es Zeit, mit den ersten Veränderungen zu beginnen. Sie bleiben dabei zunächst bei einer einfachen Fährte, ändern aber die Gegebenheiten, die das Tier zur Suche motivieren. Benötigt wird dafür eine große, stark riechende Belohnung. Es eignet sich zum Beispiel ein frischer Pansen aus der Tierhandlung. Aber Vorsicht, tragen Sie bei der Arbeit mit dem Pansen lieber Handschuhe, denn es riecht wirklich extrem. Dadurch dient er aber auch perfekt für die Spur.

Sie treten die Fährte genauso, wie Sie es bereits gewohnt sind. Anstatt aber in die Spur Leckerlis zu legen, verteilen Sie den Pansengeruch in Ihren Fußabdrücken. Sie können ihn dafür an ein Band knoten und hinter sich herziehen oder auch den Pansen unter Ihren Schuh binden und damit den Boden zertreten. Am Zielpunkt wird die große Belohnung dann für den Hund ausgelegt.

Alternativ ist es auch möglich, eine Flasche mit etwas Rinder- oder Hühnerbrühe zu füllen und dies auf der Spur zu verteilen. Am Ende können Sie in dem Fall eine andere große Belohnung auslegen, die Ihrem Vierbeiner besonders gut schmeckt.

Das Suchprinzip ist prinzipiell gleich wie bei der einfachen Fährte in Schritt 4, allerdings wird der Hund hier nicht auf der gesamten Spur immer wieder durch Leckerlis belohnt. Die Motivation besteht hier aus dem für den Hund extrem guten Geruch, der den Hund anspornt, nach dem Ursprung des Duftes, also der Belohnung, zu suchen. So lernt er, dass es sich auch ohne die hohe Futterdichte für ihn lohnt, die Fährte zu verfolgen.

○ Einfache Fährte treten	○ Pansen am Ende auslegen
○ Pansen durch die Spur ziehen	○ Alternativ Rinder- oder Hühnerbrühe

SCHRITT 6 – WECHSELNDES GELÄNDE, WECHSELNDE BEDINGUNGEN

Sie sind mittlerweile bereits seit einiger Zeit mit dem regelmäßigen Training beschäftigt und Ihr

Vierbeiner weiß auf der einfachen Fährte sowohl mit als auch ohne Leckerlis genau und sicher, was zu tun ist. Es gilt nun, ihn an neue Umstände zu gewöhnen, um die konsequent und zielsichere Suche weiter zu verbessern.

Wenn Sie das Training auf einer Wiese begonnen haben, kennt der Hund die Arbeit dort mittlerweile. Er erinnert sich an den Geruch, den eine Bodenverletzung im Gras trägt, und weiß somit, wonach er suchen muss. Es ergibt also Sinn, mit der Arbeit auf neuen Untergründen zu beginnen. Üben Sie die einfache Fährte auch auf einem Acker, einem Stoppelfeld oder auf Waldboden, denken Sie dabei allerdings daran, vorher gegebenenfalls den Besitzer der Felder um Erlaubnis zu fragen, und achten Sie im Wald auf die Brut- und Setzzeiten der dort lebenden Tiere. Hier entstehen an den zertrampelten Stellen neue Gerüche, die der Hund kennenlernen und verstehen muss. Arbeiten Sie auch hier zunächst mit der gewohnten, einfachen Fährte, die Länge darf allerdings weiterhin schrittweise gesteigert werden.

Im Laufe des Trainings können Sie die Spur langsam etwas verändern. Beginnen Sie mit größeren Schritten, treten Sie aber weiterhin einspurig, also voreinander. Der Hund muss verstehen, dass die Spur nicht immer durchgehend ist, sondern dass er nach der nächsten Bodenverletzung suchen muss. Klappt das gut, können Sie anfangen, zweispurig zu treten, die Strecke als mit einer normaleren Trittfolge zu gehen. Dabei ist das Ziel, dass der Hund von einem Schritt zum nächsten sucht, also von links nach rechts pendelt.

Eine weitere Herausforderung für den Vierbeiner ist es, Ihren Trainingspartner um das Treten der Fährte zu bitten. Erklären Sie ihm genau, welche Ansprüche Sie an die Spur haben, dass sie gerade von einem Punkt zum Nächsten führen soll und wie er seine Trittfolge setzen muss. Dem Hund ist somit an sich klar, was ihn erwartet und was er tun muss, die Geruchsspur der Fährte ändert sich allerdings durch den anderen Individualgeruch etwas ab. Auch das sollte ihn nach einiger Zeit nicht mehr aus der Ruhe bringen.

In dieser Trainingsphase können Sie und Ihr Hund sich recht lange aufhalten, denn durch die Veränderungen gewinnt er Sicherheit. Es ist empfehlenswert, das Futter nun in diesem und den folgenden Trainingsschritten etwas zu reduzieren, um die Motivation des Hundes ein wenig von den Leckerlis, die er findet, zu entkoppeln. Die neuen Besonderheiten, wie andere Untergründe oder Fährtenleger, sollten Sie in den kommenden Übungen immer wieder einbauen, damit der Vierbeiner daran gewöhnt bleibt.

o Neue Untergründe	o Zweispurig treten (normal gehen)
➢ Acker, Stoppelfeld, Waldboden	o Anderer Fährtenleger
o Fährtenlänge steigern	o Futter reduzieren
o Größere Schritte machen	

SCHRITT 7 – SCHLANGENLINIEN, RECHTE WINKEL UND BÖGEN

Mit diesen Übungen können Sie beginnen, wenn Ihr Vierbeiner die einfache Fährte sicher absucht und außerdem, wie in Schritt 6 erklärt, verstanden hat, dass die Spur nicht durchgehend ist, sondern er Fußabdruck für Fußabdruck aufspüren muss. In diesem Schritt muss dem Tier dann deutlich gemacht werden, dass die Spur nach jedem Fußtritt ihre Richtung ändern kann. Daran können Sie sich langsam heranarbeiten.

Sie führen Ihr Training genauso fort, wie Sie es die letzten Wochen schon getan haben, Sie fangen dabei aber an, die Fährte zu verändern. Es geht los mit einer leichten Schlangenlinie. Es ergibt dabei Sinn, zunächst erst wieder einspurig zu treten, um dem Hund das Verstehen der Richtungsänderung zu erleichtern. Schafft er es, sicher auf der Spur zu bleiben, werden die Kurven der Schlangenlinie immer enger getreten. Ziel ist es, dass der Vierbeiner am Ende einem 90°-Winkel in der Fährte folgen kann. Nehmen Sie sich ausreichend

Zeit, die Winkel Training für Training zu verkleinern, um ihn nicht zu überfordern.

Läuft der Hund sicher durch den rechten Winkel, passen Sie nun wieder die Schrittfolge der Fährte an. Dabei folgen Sie dem gleichen Prinzip wie im vorherigen Schritt. Zuerst vergrößern Sie wieder den Abstand zwischen Ihren Tritten, dann werden Sie zunehmend zweispurig. In den Kurven ergibt es Sinn, zunächst mit dem jeweils inneren Fuß die Wendung einzuleiten. Bei einer Rechtskurve treten Sie also mit dem linken Fuß gerade, mit dem rechten dann im 45°-Winkel nach rechts, und mit dem linken wieder gerade auf der neuen Spur, bei der Linkskurve umgekehrt. Später können Sie es dann genau andersherum ausprobieren und dem Vierbeiner so die Suche wieder etwas erschweren.

Den letzten Richtungswechsel, den Ihr Hund dann noch lernen muss, ist der Bogen. Dabei ist die Spur zuerst gerade, macht dann einen Halbkreis und läuft parallel zur ersten Geraden zurück. Es eignet sich hier für das Training besonders, zunächst mit zwei rechten Winkel hintereinander zu starten, entweder beide nach links oder beide nach rechts. Funktioniert die Suche dann in beide Richtungen gut, können Sie die Winkel immer weiter vergrößern, bis die Spur dann im Halbkreis verläuft.

Seien Sie auch bei Übungen mit Winkeln und Bögen immer wieder ein wenig kreativ. Lassen Sie die Winkel langsam noch spitzer als 90° werden und bauen Sie mehrere Richtungsänderungen ein. Denken Sie nur daran, nicht zu schnell die Schwierigkeit zu steigern und Ihrem Hund ausreichend Zeit zu geben, sich an neue Eindrücke auf der Fährte zu gewöhnen und damit umzugehen zu lernen.

○ Spur kann ihre Richtung ändern	○ Winkel bis 90 Grad und spitzer
○ Zu Anfang leichte Schlangenlinie	○ Bogen, also Spur läuft im Halbkreis

SCHRITT 8 – GEGENSTÄNDE AUF DER FÄHRTE

Ihr Vierbeiner beherrscht langsam alle Grundlagen der Fährtensuche einwandfrei. Sie können sich also dem nächsten Schritt annähern. Dieser hat wenig mit der Fährte an sich zu tun, sondern mit einer zusätzlichen Aufgabe, die der Hund auf der Fährte bekommt. Es wird von ihm erwartet, im Verlauf der Fährte nicht nur Futter aufzunehmen, sondern auch auf Gegenstände, die er findet, zu verweisen.

Um das Verweisen zu lernen, trainieren Sie am besten außerhalb der Fährte. Diese Übung können Sie sogar problemlos zu Hause durchführen. Sie brauchen einen Gegenstand, zum Beispiel einen Dummy oder ein Spielzeug, und etwas Futter. Wie bei jedem Training ergibt es auch hier Sinn, den Hund nicht kurz vorher bereits zu füttern, damit die Motivation durch die Leckerlis größer ist.

Der Hund wird abgelegt und ins Bleib geschickt. Sie legen einige Meter von ihm entfernt den Gegenstand auf den Boden und legen darauf Ihre Faust, in der Sie das Futter halten. Dann rufen Sie den wartenden Vierbeiner zu sich hin. Ist er bei Ihnen angekommen, gibt es zwei Möglichkeiten: Entweder geben Sie ihm das Kommando „Platz", damit er sich vor Ihnen und dem Gegenstand ablegt, oder Sie warten ab, bis er sich von selbst legt, da er aus der liegenden Position leichter an die Hand auf dem Boden herankommt. Wählen Sie hier die Methode, die für Sie persönlich und Ihren Hund besser funktioniert. Egal, wie Sie sich entscheiden, es gilt: Liegt der Hund vor dem Gegenstand auf dem Boden, wird die Hand geöffnet und er bekommt Futter und Lob.

Wenn der Hund diesen Schritt mit Sicherheit beherrscht und sich auch ohne Kommando vor Ihnen und dem Gegenstand zuverlässig ablegt, üben Sie weiter, ohne dass Ihre Faust auf dem Gegenstand liegt. Sie legen die Sache wieder auf den Boden, stehen aber dieses Mal und rufen den

Hund ab. Legt er sich davor auf den Boden, bekommt er erneut Futter und Lob.

Die Übung kann beliebig zu Hause erweitert werden, indem Sie zunehmend mehr Gegenstände einbeziehen und sie weiter auseinander legen. Wichtig ist dabei einzig und allein, dass jeder Verweis in Form des Ablegens so schnell wie möglich belohnt wird.

Haben Sie und Ihr Vierbeiner auch diesen Trainingsschritt sicher gemeistert, können Sie das Verweisen auch draußen auf der Fährte üben. Ihr Hund sollte mittlerweile ein recht erfahrener Fährtensucher sein, bei der Gestaltung der Spur können Sie also Ihrer Kreativität freien Lauf lassen. Bauen Sie im Verlauf der Fährte zunächst einen einzelnen Gegenstand ein. Sie starten die Suche wie gewohnt und warten zunächst ab, bis der Hund sich der ausgelegten Sache nähert. Sobald er in der unmittelbaren Nähe sucht, gehen Sie ein Stück auf die Stelle zu und warten ab, ob er sich davor ablegt. Tut er das, heben Sie den Gegenstand auf und der Vierbeiner wird freudig gelobt und gefüttert. Wenn Sie sich noch unsicher sind, ob der Hund sich ablegt, können Sie beim Wahrnehmen des Gegenstandes noch mal das Kommando „Platz" zur Bestärkung geben.

Auch bei dieser Übung können Sie kreativ sein und sie immer anspruchsvoller werden lassen. Verlängern und ändern Sie die Spur, benutzen Sie mehrere und vor allem unterschiedliche Gegenstände und lassen Sie Ihren Vierbeiner selbstständig verweisen. Es gilt nun, immer mehr Sicherheit zu bekommen und sich verändernde Herausforderungen zu meistern.

○ Zu Hause üben	○ Später ohne Futter auf Gegenstand
○ Gegenstand hinlegen, darauf Faust mit Futter	○ Gegenstände auf Fährte etablieren

➢ Lob, wenn Hund davor ablegt	➢ Erst mit Kommando, später ohne

SCHRITT 9 – SICHER WERDEN (ERSCHWERNISSE UND VERLEITUNGEN)

Dieser Schritt wird für Sie und Ihren Vierbeiner der letzte richtige Trainingsschritt sein und Sie von nun an immer begleiten. Sie lernen hier viele verschiedene Ideen und Wege, die Fährten schwerer, interessanter und anders als gewohnt zu gestalten. In Zukunft sind dabei auch Ihrer eigenen Kreativität keine Grenzen gesetzt. Sie und Ihr Hund sind jetzt an einer Stelle angelangt, an der Sie beide wissen, was zu tun ist. Probieren Sie sich nun aus und wachsen Sie gemeinsam an Ihren Aufgaben.

Ein erster Schritt ist das Verändern der Bedingungen, unter denen Sie trainieren. Am Anfang, im Schritt der Vorbereitungen, wurde Ihnen beigebracht, auf möglichst gutes Wetter zu achten, um dem Vierbeiner die Arbeit zu Beginn nicht allzu schwer zu machen. Nun ist er mittlerweile schon ein Fortgeschrittener und Sie können auch bei stärkerem Regen oder Wind auf Fährtensuche gehen. Beginnen Sie ebenfalls damit, die Fährte nicht immer mit, sondern auch mal gegen den Wind zu legen. Die Gerüche werden so immer weiter verändert und wild durch die Luft getragen, der Hund muss seine Nase also noch ein wenig mehr anstrengen, um sich seine Belohnung abzuholen.

Ihr Vierbeiner kennt mittlerweile nun auch die Arbeit auf unterschiedlichen Untergründe mit diversen Geruchsspuren. Um das Halten der Fährte weiter zu sichern, lohnt sich das Training mit einer Spur, in deren Verlauf sich der Untergrund ändert. Eine Möglichkeit dafür ist es, die Spur beispielsweise von einer Wiese auf Waldboden laufen zu lassen. Dabei muss der Hund verstehen lernen, dass die Fährte nicht am Ende des primären Bodens aufhört, sondern sich eine ähnliche Duftspur auch auf dem neuen Gelände weiterführt. Zudem können auf diese Art und Weise auch Wege überquert werden, sowohl zwischen gleichen als auch zwischen unterschiedlichen Bodenverhältnissen. Beginnen Sie diese Übung möglichst nicht auf asphaltierten Straßen, sondern mit Sand- oder Schotterwegen zwischen zwei Feldern. Dort lässt sich die Fährten für den Hund noch deutlich leichter aufspüren. Einen ganz besonderen Schwierigkeitsgrad verleiht das Überqueren eines Gewässers. Ein kleiner Bachlauf eignet sich dafür optimal. Im Wasser verliert sich eine etwaige Geruchsspur vollkommen, sodass der Hund am Ende der Fährte über oder durch den Bach auf die andere Seite gelangen und dort die Spur neu aufnehmen muss. Vermutlich wird er dabei vorerst etwas Hilfe brauchen, indem Sie das Kommando „Such" nach der Durchquerung noch einmal neu geben.

Sie haben außerdem gelernt, dass die Arbeitsumgebung möglichst ablenkungsfrei sein sollte. In den kommenden Trainingseinheiten dürfte es kein Problem mehr sein, kleinere und bald auch größere Ablenkungen einzubauen. Sie selbst kennen Ihren Hund am besten und wissen, was ihn am meisten interessiert. Tasten Sie sich hier langsam heran, zuerst mit etwas, was ihn eher langweilt und später dann mit besonders spannenden Ablenkungen. Das ist ganz individuell. Sie können beispielsweise auf einer Wiese trainieren, auf der häufig Hunde oder andere Tiere unterwegs sind, um mehr Geruchseindrücke auf den Hund wirken zu lassen. Auch an Menschen oder anderen Tieren sind unsere Vierbeiner häufig sehr interessiert. Bitten Sie doch ein paar Freunde oder Bekannte, Ihnen mit ihren Haustieren gemeinsam zuzusehen. Wenn sich dafür niemand bereit erklärt, können Sie das Training natürlich auch neben eine Kuh- oder Pferdewiese verlegen. Aber Vorsicht: Achten Sie dabei darauf, dass Ihr Hund nicht zu den anderen Tieren hin entwischt und es zu einem Unfall kommt. Auch bei der Arbeit in der Nähe von regem Straßenverkehr ist zwar große Vorsicht geboten, wenn Sie aber eine eingezäunte Möglichkeit dazu haben, sind die Autos sicherlich ein erheblicher Geräuschfaktor.

Besonders einfach, aber auch sehr wirksam, ist es, die Fährte an sich immer weiter zu verändern. Bei der Verlängerung der Spur gibt es keine Grenze für Sie und Ihren Vierbeiner. Wichtig ist natürlich, dass Sie selbst wissen, wo es langgeht, und die Strecke nicht aus den Augen verlieren, denn sonst bemerken Sie möglicherweise ein Abkommen von der Fährte nicht oder viel zu spät. Die Fährtenlänge ist allerdings nicht Ihre einzige Möglichkeit zur Veränderung. Auch das Alter der Spur, im Fachjargon Liegezeit genannt, ist ein nicht zu vernachlässigender Faktor. Lassen Sie die Fährte nach dem Treten etwas länger ihre Gerüche entwickeln, denn so ändert sich das gewohnte Geruchsbild immer weiter ab. Am besten gehen Sie dabei in Fünf-Minuten-Schritten vor, damit der Hund die Möglichkeit hat, die Neuerung zu verstehen.

Ein ganz besonders anspruchsvolles Projekt ist das Unterscheiden zwei verschiedener Fährten in die richtige und die falsche. Dazu werden zwei Fährten von verschiedenen Legern gestaltet, die sich zu Beginn in einem, später aber auch in mehreren Punkten kreuzen. Die beiden Spuren sollten von Ihnen und einem in die Technik gut eingeführten Bekannten mit etwas Zeitabstand getreten werden. Durch ihr unterschiedliches Alter und den anderen Individualgeruch des Legers bilden sich nun zwei unterschiedliche Geruchsbilder aus. Wichtig ist, dass Sie selbst beide Fährten kennen, um den Hund nicht aus Versehen zu loben und bei der Suche zu bestärken, obwohl er auf die falsche Spur gelangt ist. Sie setzen ihn wie gewohnt an der vorgesehenen, richtigen Fährte an und lassen ihn suchen. Ziel einer solchen Verleitungsfährte ist es natürlich, dass er sich von der kreuzenden Spur nicht ablenken oder irritieren lässt, sondern zielsicher auf der ursprünglichen Fährte bleibt.

Mit diesen Ideen sind Sie nun bestens darauf vorbereitet, mit Ihrem Vierbeiner lange Zeit intensiv an der Fährte zu arbeiten und sich stetig zu verbessern. Probieren Sie alles aus, wandeln Sie Trainingsschritte ab und seien Sie kreativ. Wenn Sie und Ihren Hund der Ehrgeiz gepackt hat, werden

Sie immer weiter Fortschritte erzielen und sich als Team stetig stärken.

o Wetterbedingungen ändern	o Ablenkungen
➢ Regen, Wind	o Liegezeit verlängern
o Geländewechsel	o Kreuzende Verleitungsfährten
o Wegüberquerungen	

SCHRITT 10 – PROBLEME MIT LÖSUNGEN

Auf Ihrem Trainingsweg vom ersten Schritt bis zum fortgeschrittenen Fährtensucher werden Sie mit Sicherheit noch auf das eine oder andere Problem stoßen oder bereits darauf gestoßen sein. Ein Lernprozess beinhaltet immer Fehler, denn sie gehören zum Lernen dazu. Wichtig ist, dass Sie bei Unstimmigkeiten zwischen Ihnen und dem

Vierbeiner nicht direkt aufgeben, sondern das Problem angehen und zu lösen versuchen. Jeder Hund ist ein Individuum, daher ist es an dieser Stelle nicht möglich, alle denkbaren Problematiken und Schwierigkeiten zu beleuchten und ihre jeweiligen Lösungen zu erörtern. Sie werden trotzdem einige wichtige Ratschläge für die gängigsten Fälle mit auf den Weg bekommen.

Ihr Hund lässt sich leicht ablenken und bleibt nicht auf der Fährte? Das kann natürlich unter anderem eine Frage der Motivation sein. Der erste Ansatzpunkt ist also das Futter. Schmecken Ihrem Vierbeiner die ausgewählten Belohnungen so gut, dass es sich für ihn lohnt, sich dafür anzustrengen? Probieren Sie andere Sorten oder Marken aus, um die perfekten Leckerlis zu finden. Doch nicht nur das kann die Motivation des Hundes minimieren, auch ein sattes Tier ist mit noch mehr Futter vermutlich nicht zu ernsthafter Arbeit zu bewegen. Achten Sie also wirklich darauf, dass die letzte Mahlzeit eine ganze Weile zurückliegt und Sie nicht zwischendurch bereits jede Menge

Leckerlis verfüttern. Es kann beispielsweise ratsam sein, das Training zu einer Zeit durchzuführen, zu der der Hund eine Mahlzeit vermutet. Diese bekommt er dann nicht in Form des normalen Futters aus dem Napf, sondern komplett als Belohnung auf der Fährte. Kombiniert werden sollten diese Maßnahmen natürlich immer mit einer möglichst ablenkungsfreien Umgebung, denn auch dadurch bleibt die Fährte für den Vierbeiner interessanter.

Bei Problemen, auf der richtigen Spur zu bleiben, ist außerdem die positive Bestärkung deutlich wichtiger für den Lerneffekt als die negative Korrektur. Seien Sie geduldig und warten Sie in Ruhe ab, bis Ihr Hund die getrampelte Strecke wiederfindet. Dann ist es essenziell wichtig, ihn ausgiebig zu loben und zu zeigen, dass er auf dem richtigen Weg ist. Auf gar keinen Fall dürfen Sie ihn für das Abkommen von der Fährte bestrafen. Denken Sie immer dran, dass Sie beide Spaß am Training haben sollen und dass Ihr Vierbeiner keine

Maschine ist und beim Lernen durchaus Fehler machen darf.

In vielen Fällen klappt die Fährtenarbeit zwar ab und zu, aber eben nicht zuverlässig bei jeder Fährte. Sie schaffen es, sich immer weiter zu steigern, und Ihr Hund meistert die neuen Herausforderungen oft gut, versteht dann aber wiederum manchmal überhaupt nicht, was er tun soll? Achten Sie in jedem Fall darauf, die Steigerungen der Schwierigkeit nicht zu schnell vorzunehmen. Je sicherer der vorherige Trainingsschritt sitzt, desto besser kann der Vierbeiner ihn auch umsetzen, wenn ein weiterer Faktor hinzukommt. Besonders sinnvoll ist es deshalb, über die Fährtentrainings ein Tagebuch zu führen. Dieses sollte so viele Informationen wie möglich enthalten. Sie schreiben also jedes Mal auf, wer die Spur gelegt hat, wie lang sie war, womit und wie viel belohnt wurde und welche Besonderheiten Sie eingebaut haben. Außerdem ergibt es Sinn, auch äußere Gegebenheiten wie das Wetter oder die Umgebung zu dokumentieren. Vermerken Sie dazu, wie sich der jeweiligen Strecke angestellt hat, was besonders gut war und wo vielleicht Fehler passiert sind. So können Sie immer sicher sein, was genau Ihr Vierbeiner kann. Kommt er nun mal einer Fährte nicht auf die Spur, können Sie anhand Ihrer Notizen genau abgleichen, an welcher Gegebenheit es liegen könnte, und diese dann noch mal explizit üben.

Während in den ersten beiden Fällen eine Problematik im Hinblick auf die gesamte Fährte bestand, gibt es natürlich auch Schwierigkeiten, die sich nur auf einzelne Abschnitte beziehen. Besonders häufig passiert zum Beispiel das Überlaufen von Winkeln. Gerade in der Phase, in der diese eingeführt werden, ist es nicht selten, dass der Hund im Eifer des Gefechts einfach weiter geradeaus läuft, obwohl Sie einen rechten Winkel getreten haben. Das kann beispielsweise daran liegen, dass das Tier viel zu schnell auf der Fährte unterwegs ist. Das richtige Erkennen von Richtungsänderungen ist nur möglich, wenn zwar zielstrebig, aber auch gleichmäßig und konzentriert gesucht wird. Das Tempo sollte dann vorsichtig mit der

Leine korrigiert werden. Halten Sie Ihren Hund ein wenig zurück, ohne ihn zu beeinflussen oder eine Richtung vorzugeben. Ein anderer Weg ist es, die Leckerlis etwas tiefer in den Boden zu stecken, sodass der Vierbeiner kurz anhalten muss, um sie zu bekommen. Dafür muss natürlich eine ausreichende Futtermotivation vorhanden sein. So kommt etwas Ruhe in den Suchvorgang und das kopflose Stürmen hat ein Ende.

Überläuft der Hund die Winkel trotz eines angemessenen Tempos, ergibt es Sinn, diese noch einmal konkret zu üben. Korrigieren Sie das Überlaufen vorsichtig mithilfe der Leine und holen Sie den Hund zu sich ran. Dann setzen Sie ihn kurz vor dem Winkel mit dem „Such"-Kommando neu an. Zu Beginn der Suche ist er meist noch etwas aufmerksamer und sollte den Winkel nun finden. Gestalten Sie den Winkel dabei vorerst wieder einfach, indem Sie kleinschrittig voreinander treten und nicht zu spitz um die Kurve gehen. Steigern Sie die Schwierigkeit in den kommenden Trainings dann aber nur sehr langsam, damit der

Hund genug Zeit hat, am Winkel sehr sicher zu werden, dann wird er in Zukunft auch kompliziertere Richtungsänderungen nicht mehr so schnell überlaufen.

Mit dieser kleinen Zusammenfassung gängiger Probleme sollte vielen Hundebesitzern bei der Fährtenarbeit bereits geholfen sein. Lassen sich die Schwierigkeit trotz aller Bemühungen und natürlich viel Geduld nicht lösen, ist bei großen Ambitionen und in der Wettkampfvorbereitung sinnvoll, sich an einen professionellen Hundetrainer in der Umgebung zu wenden. Dieser kann die Situation als Außenstehender bewerten, sich den Hund genau anschauen und hat möglicherweise noch einen neuen Lösungsansatz in petto. Oft treten dabei Probleme und Fehler zu Vorschein, die Ihnen selbst gar nicht auffallen. Man ist meist so sehr an die Arbeit mit seinem Hund gewöhnt, dass man kleine Macken und Unarten schon nicht mehr wahrnimmt und so den Ursprung der Schwierigkeiten selbst kaum findet.

o   Hund ist leicht ablenkbar

➣   Motivation durch besseres Futter

➣   Belohnung als volle Mahlzeit

o   Hund verliert die Spur

➣   Auf der Spur positiv bestärken

➣   Korrektur nur, wenn er sich weit entfernt

o   Arbeit klappt nur unzuverlässig

➣   Tagebuch führen

➣   Schwierige Gegebenheiten explizit üben

o   Hund verliert Winkel

➣   Zu schnelles Tempo korrigieren

➣   Kurz vor dem Winkel neu ansetzen

Wettkampfmöglichkeiten

Auf der Suche nach einer neuen Freizeitbeschäftigung oder einem neuen Hobby gemeinsam mit Ihrem Vierbeiner sind Sie auf die Fährtensuche gestoßen. Sie haben sich informiert und das Training begonnen, habe sowohl Erfolge als auch Rückschläge gemeistert und sind nun auf einem fortgeschrittenen Level angekommen. Möglicherweise stellt sich Ihnen nun die Frage, ob es auch Möglichkeiten gibt, Ihre neuen Fähigkeiten und vor allem die Ihres Hundes mit anderen zu messen und zu vergleichen. Und in so gut wie jeder sportlichen Aktivität gibt es diese natürlich auch im Hundesport. Im

Fährtenhundesport gibt es eine umfassende Aus-
wahl an Prüfungen, egal, ob Sie nur auf der Fährte
oder in mehreren Kategorien gleichzeitig antreten
wollen. Sie arbeiten sich über kürzere, einfache
Fährten hoch zu sehr anspruchsvollen Wettkämpfen, und wenn Sie dann immer noch nicht genug
vom Hundesport bekommen, ist es möglich, sich
für die Deutsche Meisterschaft oder sogar die FCI-
Weltmeisterschaft zu qualifizieren.

Um im Hundesport gegen andere Vierbeiner
mit ihren Haltern anzutreten, müssen Sie Mitglied
in einem Hundeverein oder -verband sein. Dieser
muss vom VDH, dem Verband für das Deutsche
Hundewesen, anerkannt sein. Solche Vereine gibt
es in vielen Städten, es sollte also kein Problem
sein, eine entsprechende Organisation in Ihrer
Nähe zu finden. Einen großen Vorteil bringt die
Mitgliedschaft in einem Verein für Sie mit sich,
denn dort gibt es nämlich meist qualifizierte Trai-
ner und Kurse, die Sie in der Vorbereitung auf Ihre
erste Prüfung optimal unterstützen können. Auch
bei Problemen mit dem Vierbeiner steht man

Ihnen in den Vereinen des Hundesports mit Rat und Tat zur Seite. Sie lernen außerdem viele weitere Hunde-interessierte Menschen kennen, erweitern den eigenen Horizont und knüpfen vielleicht sogar Kontakte und Freundschaften. Die Vereine finden Sie auf der Seite des VDH aufgelistet, sodass Sie eine passende Organisation in Ihrer Nähe leicht heraussuchen können. Auch die kommenden Termine von Wettkämpfen und Infoveranstaltungen können Sie dort abrufen.

Zusätzlich zu der Vereinsmitgliedschaft muss auch Ihr Vierbeiner für die Teilnahme einige wichtige Grundvoraussetzungen erfüllen. Ein entscheidender Faktor ist das Alter, denn die Tiere dürfen erst ab 18 Monaten mitmachen. Nach oben hin gibt es allerdings keine Begrenzung. Sie müssen außerdem sowohl geimpft als auch gechippt oder tätowiert sein und über eine Hundehaftpflicht versichert sein. Diese Dinge dienen der Sicherheit der Veranstaltungen für die Zwei- und die Vierbeiner.

Voraussetzungen	
o Mitglied im Hundeverein	o Gechippt oder tätowiert
o Mindestens 18 Monate alt	o Hundehaftpflichtversicherung
o Geimpft	o Abgeschlossene Begleithundeprüfung

Um an den verschiedenen Fährten(hund)prüfungen teilnehmen zu dürfen, müssen Sie mit Ihrem Hund vorher bereits eine Begleithundeprüfung abgelegt haben. Es handelt sich dabei um eine Grundprüfung für Gehorsam und Verhalten in der Öffentlichkeit, die Grundlage für die Teilnahme an jeglichen Wettkämpfen im Hundesport ist. Für das Ablegen müssen Hund und Halter die gleichen Voraussetzungen erfüllen wie die oben bereits beschriebenen für die Fährtenprüfung.

Zusätzlich müssen Sie als Hundeführer bereits vor Prüfungsantritt einen Sachkundenachweis in Form einer schriftlichen Prüfung erbringen. In diesem Nachweis werden Ihnen Fragen aus unterschiedlichen Themenbereichen gestellt, unter anderem allgemeine und speziellere Fragen zum Thema Hund, Fragen zu gesetzlichen Bestimmungen und zum Hundesport. Die Internetseite des Deutschen Verbandes der Gebrauchshundesportvereine bietet Ihnen die Möglichkeit, im Vorhinein Probeprüfungen zu absolvieren, um sich optimal vorzubereiten. Jede Prüfung ist allerdings unterschiedlich, da der jeweilige Prüfer einige Fragen aus einem Fragenkatalog auswählen wird. Ist dies geschafft, geht es gemeinsam mit dem Vierbeiner in die eigentliche Prüfung, welche aus zwei Teilen besteht. Der erste Teil wird auf einem eingezäunten Hundeplatz abgenommen. Es geht dabei um die sogenannte Unterordnung, das bedeutet, Sie präsentieren Gehorsam des Hundes in Form von Fuß-Gehen, Setzen, Ablegen, Bleiben und den Abruf. Außerdem wird erwartet, dass das Tier auch beim Durchlaufen einer

Menschengruppe und bei anderen Ablenkungen auf Sie konzentriert und bei der Sache bleibt. Daran knüpft der zweite Teil an, der in der Öffentlichkeit stattfindet und das Verhalten Ihres Vierbeiners im Straßenverkehr auf die Probe stellt. Im Rahmen dieses Prüfungsteils wird besonders Wert auf das sichere und auch freundliche Verhalten gegenüber anderen Verkehrsteilnehmern und auch anderen Hunden gelegt. Die meisten Hundevereine werden Sie bei der Vorbereitung auf die Prüfung bestmöglich unterstützen und genau mit den Anforderungen vertraut machen.

Begleithundeprüfung	
o Schriftlicher Sachkundenachweis	o Teil 2 – Verhalten in der Öffentlichkeit
o Teil 1 – Unterordnung	➤ Im Straßenverkehr, mit Hunden

> ➤ Grundkom-
> mandos auf dem
> Hundeplatz

Ist Ihr Hund nun ein qualifizierter Begleit-
hund, können Sie in den ersten Fährtenprüfungen
durchstarten. Die ersten drei Stufen sind die
Fährtenprüfung eins bis drei (FPr 1–3). Es besteht
die Möglichkeit, diese im Rahmen einer Ge-
brauchshundeprüfung zu absolvieren, sie können
allerdings auch eigenständig bestritten werden.
Die GHP beinhaltet zusätzlich zum Prüfungsteil
Fährte noch die Teile Unterordnung/Gehorsam
und Schutzdienst/Verteidigung. Hier soll es jedoch nur um die eigenständigen Fährtenprüfungen und ihre jeweiligen Anforderungen gehen.

Die Fährte in der FPr1 ist 300 Meter lang und
darf durch Sie selbst gelegt werden. Dabei müssen
Sie sich an den Ansprüchen der Prüfungsordnung
orientieren. Die Strecke muss aus drei Schenkeln
mit zwei Winkeln bestehen. Im Verlauf der Spur
sind drei Gegenstände auszulegen, die sich

farblich nicht besonders vom Untergrund unterscheiden und aus unterschiedlichen Materialien
bestehen. Diese müssen vor dem Auslegen dem
Leistungsrichter gezeigt und durch ihn abgeseg-
net werden. Nach dem Legen muss die Spur 20 Minuten reifen, dann setzen Sie den Vierbeiner am
Abgang an und haben von diesem Moment an 15
Minuten Zeit für die Suche. Für alle Klassen gilt,
dass die Suche an einer 10 Meter langen Leine zu
erfolgen hat, sodass Sie als Hundeführer den Hund
während der Arbeit möglichst wenig beeinflussen
können. Die Leine sollte jederzeit voll ausgenutzt
werden, sie darf leicht durchhängen und den Boden berühren. Verfängt sich der Hund in der
Leine, ist er von Weitem ins Platz zu legen. Dann
darf der Hundeführer sich ihm nähern, um die
Leine zu entwirren und ihn mit dem Kommando
für „Such" neu ansetzen.

FPr1: 300 m, selbst gelegt, 3 Schenkel, 2 Winkel, 3
Gegenstände, 20 Minuten Liegezeit, 15 Minuten
Suchzeit

Ab der FPr2 wird die Fährte fremd gelegt, das heißt, ein Fährtenexperte kümmert sich um das Treten der Spur. Ab dieser Klasse dürfen Sie und Ihr Vierbeiner das Legen nicht mehr beobachten, sodass der Hund sich bei der Ausarbeitung vollkommen auf seine Nase verlassen muss. Die Strecke ist nun 400 Meter lang, enthält aber weiterhin drei Schenkel mit zwei Winkeln und drei Gegenständen. Die Liegezeit der Fährte ist in dieser Stufe mit 30 Minuten etwas länger, die Suchzeit bleibt mit 15 Minuten allerdings zunächst gleich.

FPr2: 400 m, fremd gelegt, 3 Schenkel, 2 Winkel, 3 Gegenstände, 30 Minuten Liegezeit, 15 Minuten Suchzeit

In der FPr3 ist die fremd gelegte Fährte schon 600 Meter lang und umfasst dabei fünf Strecken mit entsprechenden vier Winkel. Es bleibt trotzdem weiterhin bei drei Gegenständen. Die Liegezeit beträgt hier mit 60 Minuten bereits das Doppelte der zweiten Stufe, gesucht werden darf ab Start 20 Minuten.

FPr3: 600 m, fremd gelegt, 5 Schenkel, 4 Winkel, 3 Gegenstände, 60 Minuten Liegezeit, 20 Minuten Suchzeit

Die drei Fährtenprüfungen sind aufeinander aufbauend, das heißt, Sie müssen die jeweils vorherige absolviert und bestanden haben, um an der nächsten Prüfungsstufe teilnehmen zu dürfen.

Hat Sie in den ersten drei Fährtenprüfungen der Ehrgeiz gepackt, ist dort natürlich noch nicht Schluss. Die nächsten Prüfungen, die auf Sie warten, sind die Fährtenhundeprüfungen. Diese gehen ebenfalls über 3 Stufen, FH1, FH2 und IPO FH. In diesen deutlich anspruchsvolleren Prüfungen kann ein Ausbildungskennzeichen der FCI, genauer der Fédération Cynologique Internationale, vergeben werden. Hunde, die in diesen Kategorien antreten, müssen auf der Fährte schon sehr geübt und routiniert sein, denn der Sprung von der FPr3 zur FH1 ist recht groß.

Die FH 1 ist eine 1200 Meter lange, fremd gelegte Fährte mit sieben Schenkeln und sechs

Winkeln. Auf der Strecke sind sieben unterschiedliche Gegenstände ausgelegt. Die Liegezeit der Spur beträgt in dieser Kategorie ganze 180 Minuten, für die Suche sind 30 Minuten Zeit angesetzt. Die Fährte erstreckt sich über verschiedene wechselnde Gelände. Gegebenenfalls muss dabei auch ein Weg überquert werden. Eine weitere Besonderheit, die Ihren Vierbeiner ab dieser Klasse herausfordert, sind zwei Verleitungsfährten, die frischer sind als die eigentliche Fährte und von einem anderen Fährtenleger getreten werden. Beide kreuzen die eigentliche Spur im Verlauf der Suche. Sie dürfen vom Hund angezeigt und genauer geprüft werden, er darf Ihnen allerdings natürlich nicht folgen. Bleibt der Hund für mehr als eine Leinenlänge auf der Verleitung, wird die Prüfung abgebrochen. Kommt er vorher wieder auf die richtige Fährte, gibt es lediglich Punktabzug.

FH1: 1200 m, fremd gelegt, 7 Schenkel, 6 Winkel, 7 Gegenstände, Liegezeit 180 Minuten, Suchzeit 30 Minuten, Geländewechsel, 2 Verleitungsfährten

Die FH 2 erstreckt sich über ganze 1800 Meter mit acht Schenkeln, einer davon ein Halbkreis mit 30 Metern Radius und sieben Winkeln, davon müssen zwei Winkel spitz sein. Genau wie bei der FH1 sind sieben Gegenstände zu finden, und auch hier beläuft sich die Liegezeit auf 180 Minuten. Ebenfalls wird die Spur von zwei frischeren Verleitungsfährten durchkreuzt. Für das Absuchen dieser fast zwei Kilometer langen Fährte haben Sie und Ihr Hund 45 Minuten Zeit.

> FH2: 1800 m, fremd gelegt, 8 Schenkel, davon ein Halbkreis, 7 Winkel, 2 davon spitz, 7 Gegenstände, Liegezeit 180 Minuten, Suchzeit 45 Minuten, 2 Verleitungsfährten

Die Königsklasse ist die IGP-FH. Die Abkürzung IGP steht für die Internationale Gebrauchshundeprüfungsordnung. Die Voraussetzungen der Fährte sind die gleichen wie bei der FH2, in dieser Prüfung müssen allerdings zwei dieser Spuren abgesucht werden. Der Wettkampf erstreckt sich daher über zwei Tage. An den beiden Tagen wird die 1800 Meter lange Spur an jeweils unterschiedlichen Orten und von unterschiedlichen Fährtenlegern getreten. So wird der Vierbeiner wirklich in allen Bereichen auf eine besondere Probe gestellt. Um an Prüfungen dieser Art teilnehmen zu können, bedarf es sehr langer Übung und einem somit sehr sicheren und sehr gefestigten Hund.

> IGP-FH: FH2 zweimal an zwei verschiedenen Tagen auf verschiedenen Untergründen

Alle Fährten- und Fährtenhundeprüfungen werden nach einem ähnlichen Schema bewertet. Die Maximalpunktzahl beläuft sich immer auf 100 Punkte. Einen gesonderten Teil der Wertung stellen die Gegenstände dar. Sie dürfen entweder, wie oben im achten Schritt erläutert, verwiesen werden, oder der Hund darf sie aufnehmen und damit auf den Halter warten beziehungsweise den Gegenstand zum Halter bringen. In den Fährtenprüfungen 1–3 ergibt jeder korrekt verwiesene oder aufgenommene Gegenstand sieben Punkte. In der FH1 erhalten Sie für einen der Gegenstände sechs Punkte und für die drei anderen jeweils fünf. In den Klassen FH2 und IGP-FH werden alle sieben Gegenstände mit jeweils drei Punkten bewertet. Somit wird das Verweisen in jeder Prüfungsklasse mit maximal 21 der 100 Punkte bewertet.

Es wird außerdem bewertet, wie der Hund sich auf der Fährte verhält. Die Leistungsrichter erwarten, dass der Hund die Spur mit tief gehaltener Nase aufnimmt und sie dann in einem gleichmäßigen Grundtempo motiviert und mit hoher Intensität verfolgt. Die Suche beginnt mit dem entsprechenden Kommando am Abgang, außerdem darf dieses Kommando nach dem Auffinden der Gegenstände erneut gegeben werden. Sie als Hundeführer sollten sich während der gesamten Prüfung möglichst im Hintergrund halten. Die lange Leine macht es Ihnen möglich, zehn Meter Abstand vom Hund zu halten, um ihn frei suchen zu lassen. Sie dürfen ihn zwischendurch auf der Fährte oder nach dem Verweisen von Gegenständen loben, dies darf aber nicht an den Winkeln erfolgen. Insgesamt erfordert der Erwartungshorizont eine harmonische Zusammenarbeit zwischen dem aktiv suchenden Hund und dem eher passiv mitlaufenden Hundeführer. In Sonderfällen, wie einem stark in der Leine verfangenen Vierbeiner oder (in den höheren Klassen) dem Wasserbedarf des Hundes während der Suche, darf kurz unterbrochen werden, um die jeweilige Maßnahme durchzuführen. Auch der Leistungsrichter muss einen ausreichenden Abstand von mindestens zehn Metern zum suchenden Vierbeiner halten. In die Gesamtwertung werden auch äußere Faktoren wie das Gelände, die Witterung und die Verleitungen einbezogen, da diese den Schwierigkeitsgrad enorm beeinflussen. Punktabzug gibt es unter anderem für hektische, gedrückte Suche, stöbern, kreisen in Winkel, entleeren und das Abkommen des Hundes von der Fährte. Dabei wird noch mal unterschieden, denn wenn der Hund sich von Weitem wieder ansetzen lässt, gibt dies weniger Punktabzug, als wenn Sie zum erneuten Ansatz neben den Vierbeiner treten müssen. Auch Sie selbst können durch nicht zulässige Hilfen eine geringere Wertung verursachen. Bei besonders gravierenden Fehlern ist es möglich, dass keine

Bewertung erfolgt, sondern die Arbeit vor Beendigung der Fährte abgebrochen wird. Diese Entscheidung trifft der Leistungsrichter in Fällen, in denen der Hund vollkommen von der Fährte abkommt, die Suche einstellt und an einer Stelle verweilt oder er beim Auftreten von Wild seinen Jagdtrieb auslebt und sich nicht wieder auf die Fährte bringen lässt. Auch das Ende der Ausarbeitungszeit bedeutet den Abbruch der Prüfung, Ausnahmen bestehen dafür in den Prüfungen FH1, FH2 und IPG-FH, wenn der Hund sich bereits auf dem letzten Schenkel befindet.

Die Gesamtpunktzahl ergibt sich somit aus den maximal 21 Punkten für die Gegenstände und den Be- und Entwertungen des Verhaltens von Hund und Hundeführer auf der Fährte. Eine Punktzahl von über 96 Punkten gilt als vorzüglich, über 90 Punkte sind sehr gut, über 80 gut, über 70 befriedigend und alles darunter wird als mangelhaft eingestuft. Die ersten drei Klassen verlangen mindestens 70 Punkte, um in die jeweils nächste Stufe aufzusteigen. In den höheren Klassen, in denen Ausbildungskennzeichen vergeben werden (FH1, FH2 und IPG-FH), dürfen diese erst ab mindestens 70 Punkten verliehen werden.

Schlusswort

In dem Ratgeber, an dessen Ende Sie nun angelangt sind, konnten Sie hoffentlich einiges über die Fährtenarbeit mit Ihrem Vierbeiner lernen. Sie haben sich mit der Theorie beschäftigt, haben das Training begonnen und werden nun gemeinsam über die zehn Schritte hinweg zu einem wunderbaren, sehr fährtenerfahrenen Team. Auch mit den Möglichkeiten, an Wettkämpfen auf der Fährte teilzunehmen, kennen Sie sich nun aus. Doch an dieser Stelle sei gesagt, es ist egal, ob Sie sich entscheiden, in einem Verein Mitglied zu werden und mit Ihrem Hund in den Prüfungsklassen anzutreten, oder ob Sie sich einfach nur über das neu gewonnene Hobby freuen und für sich selbst die Fortschritte genießen. Ihr Vierbeiner wird es Ihnen danken, mit der Fährtensuche angefangen zu haben, denn er kann nur einer ganz ursprünglichen Tätigkeit nachgehen und ist ausgelasteter und damit auch ausgeglichener denn je.

Der Hundesport ist riesig, einige kleine Einblicke in die anderen Disziplinen konnten Sie in diesem Buch bereits gewinnen. Probieren Sie stets Neues aus und lernen Sie sich selbst und den Hund an Ihrer Seite immer besser kennen. Denken Sie dabei nur immer dran, egal ob freizeitmäßig oder im Wettkampf, in erster Linie geht es um den Spaß, der sollte sowohl für Sie als auch Ihren vierbeinigen Freund dabei immer an erster Stelle stehen. Seien Sie also geduldig und arbeiten Sie sich Schritt für Schritt zu neuen Erfolgen. Seien Sie nicht böse, wenn etwas mal nicht auf Anhieb funktioniert, ärgern Sie sich im Wettkampfsport nicht zu sehr über eine schlechte Benotung und vertrauen Sie auf sich selbst und Ihren Hund, auch wenn eine Übung mal schwierig oder unüberwindbar erscheint. Jeder, ob Zwei- oder Vierbeiner, darf schlechte Tage haben, doch seien Sie sich sicher, dass – mit etwas Übung – die guten überwiegen werden.

Ich wünsche Ihnen viel Freude und Erfolg bei der Fährtenarbeit mit Ihrem Hund!

Herstellung und Verlag:
BoD – Books on Demand, Norderstedt
ISBN: 9783755712480

© Maria Lehmhuis 2022
1. Auflage
Kontakt: Psiana eCom UG/ Berumer Str. 44/ 26844 Jemgum
Covergestaltung: Fenna Larsson
Coverfoto: depositphotos.com